D

Explora
América del Sur

Molly Aloian & Bobbie Kalman
Crabtree Publishing Company
www.crabtreebooks.com

Explora los Continentes

Creado por Bobbie Kalman

Dedicado por Molly Aloian
Para mis maravillosas amigas Vesna, Mandi y Tanya.
¡Vamos todas a América del Sur!

Editora en jefe
Bobbie Kalman

Equipo de redacción
Molly Aloian
Bobbie Kalman

Editora de contenido
Kathryn Smithyman

Editores
Michael Hodge
Kelley MacAulay

Investigación fotográfica
Crystal Foxton

Diseño
Katherine Kantor

Coordinadora de producción
Heather Fitzpatrick

Técnica de preimpresión
Nancy Johnson

Consultor
Dr. W. George Lovell, académico, Departamento de Geografía, Queen's University

Consultor lingüístico
Dr. Carlos García, M.D., Maestro bilingüe de Ciencias, Estudios Sociales y Matemáticas

Ilustraciones
Barbara Bedell: páginas 4 (animal), 19, 30 (ave)
Samantha Crabtree: páginas 4-5 (mapa), 7, 26, 30 (mapa), 31
Robert MacGregor: portada (mapa), contraportada (mapa), páginas 8-9,
    12 (mapa), 14, 16 (mapa), 18, 20 (mapa)
Vanessa Parson-Robbs: páginas 5 (flor), 20 (zorro)
Tiffany Wybouw: página 16 (rana)

Fotografías
Achim Pohl/Das Fotoarchiv/Alpha Presse: página 29 (parte superior)
Dreamstime.com: Nathan Jaskowiak: página 12
Garry Adams/Index Stock: página 27
iStockphoto.com: portada, contraportada, páginas 1, 3, 6, 10, 11 (parte inferior),
    13, 14-15, 16, 17 (parte superior), 18, 19, 20-21, 22, 24, 31
    Carl Frank/Photo Researchers, Inc.: página 28
© Shutterstock: Presiyan Panayotov: página 29 (parte inferior);
    Michael Schofield: página 11 (parte superior)
Otras imágenes de Digital Stock, Digital Vision, Flat Earth y Tongro Image Stock

Traducción
Servicios de traducción al español y de composición
de textos suministrados por translations.com

Library and Archives Canada Cataloguing in Publication

Aloian, Molly
    Explora América del Sur / Molly Aloian y Bobbie Kalman.

(Explora los continentes)
Includes index.
Translation of: Explore South America.
ISBN 978-0-7787-8293-3 (bound).--ISBN 978-0-7787-8301-5 (pbk.)

    1. South America--Geography--Juvenile literature. I.
Kalman,
Bobbie, 1947- II. Title. III. Series.

F2208.5.A4618 2007   j918   C2007-904854-4

Library of Congress Cataloging-in-Publication Data

Aloian, Molly.
    [Explore South America. Spanish]
    Explora América del Sur / Molly Aloian y Bobbie Kalman.
        p. cm. -- (Explora los continentes)
    Includes index.
    ISBN-13: 978-0-7787-8293-3 (rlb)
    ISBN-10: 0-7787-8293-X (rlb)
    ISBN-13: 978-0-7787-8301-5 (pb)
    ISBN-10: 0-7787-8301-4 (pb)
    1. South America--Juvenile literature. 2. South America--
Geography--Juvenile literature. I. Kalman, Bobbie. II. Title. III.
Series.

    F2208.5.A46 2008
    980--dc22

                                        2007031236

Crabtree Publishing Company

www.crabtreebooks.com   1-800-387-7650

Publicado en Canadá
Crabtree Publishing
616 Welland Ave.
St. Catharines, Ontario
L2M 5V6

**Publicado en
los Estados Unidos
Crabtree Publishing**
PMB16A
350 Fifth Ave., Suite 3308
New York, NY 10118

**Publicado en
el Reino Unido
Crabtree Publishing**
White Cross Mills
High Town, Lancaster
LA1 4XS

**Publicado en Australia
Crabtree Publishing**
386 Mt. Alexander Rd.
Ascot Vale (Melbourne)
VIC 3032

Contenido

Más agua que tierra

La mayor parte de la Tierra está cubierta de agua.
Las zonas más grandes de agua se llaman **océanos**.
Hay cinco océanos en la Tierra. Del más grande al
más pequeño son: el océano Pacífico, el Atlántico,
el Índico, el Antártico y el Ártico.

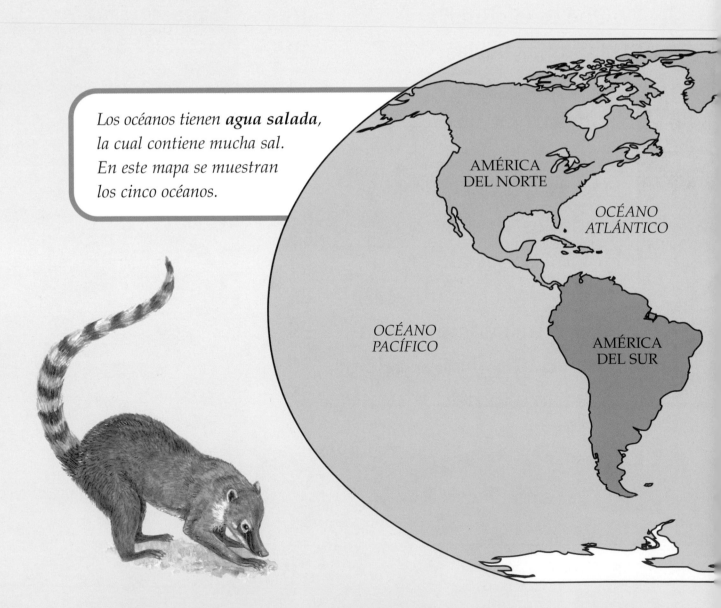

Los océanos tienen **agua salada**,
la cual contiene mucha sal.
En este mapa se muestran
los cinco océanos.

AMÉRICA
DEL NORTE

OCÉANO
ATLÁNTICO

OCÉANO
PACÍFICO

AMÉRICA
DEL SUR

Los siete continentes

En la Tierra hay siete **continentes**. Un continente es una zona de tierra inmensa. Los siete continentes son: Asia, África, América de Norte, América del Sur, Antártida, Europa y Australia y Oceanía. Asia es el continente más grande y Australia es el más pequeño.

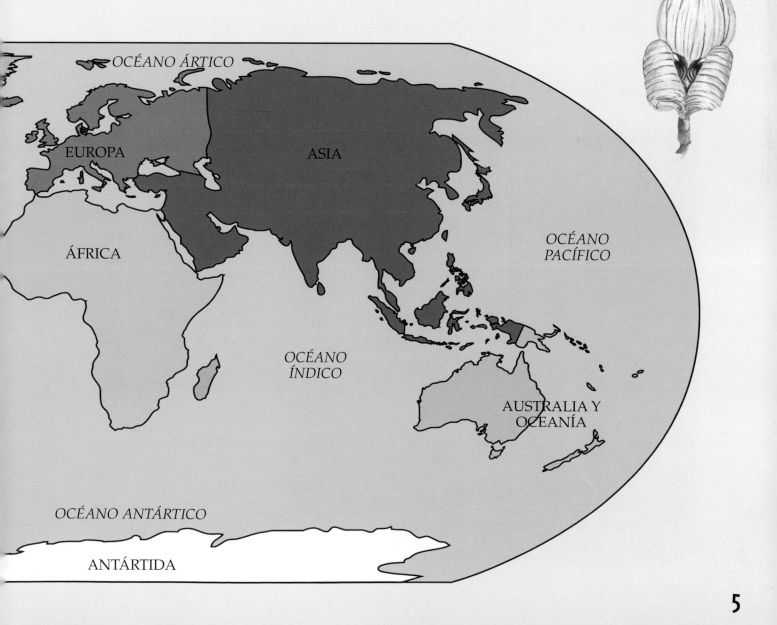

OCÉANO ÁRTICO

EUROPA

ASIA

ÁFRICA

OCÉANO PACÍFICO

OCÉANO ÍNDICO

AUSTRALIA Y OCEANÍA

OCÉANO ANTÁRTICO

ANTÁRTIDA

Descubre América del Sur

Este libro habla del continente de América del Sur. En América del Sur hay doce **países**. Un país es una parte de un continente que tiene **fronteras** y un **gobierno**. Las fronteras son líneas donde un país termina y empieza otro. Un gobierno es un grupo de personas que toman decisiones para las personas que viven en un país.

*En América del Sur hay inmensas **cascadas**. Las cascadas de esta fotografía son las cataratas del Iguazú.*

GUYANA SURINAM

VENEZUELA

GUAYANA FRANCESA

COLOMBIA

PERÚ

BRASIL

ECUADOR

BOLIVIA

CHILE

PARAGUAY

ARGENTINA

URUGUAY

Doce países

Los doce países de América del Sur son Argentina, Bolivia, Brasil, Chile, Colombia, Ecuador, Guyana, Paraguay, Perú, Surinam, Uruguay y Venezuela. La Guayana Francesa está en América del Sur, pero no es un país, sino un **territorio de ultramar**. Un territorio de ultramar es tierra que pertenece a un país de otro continente. La Guayana Francesa es un territorio de ultramar de Francia. Francia está en el continente de Europa.

Cuatro direcciones

¿Cuáles son las cuatro **direcciones** principales en la Tierra? Las cuatro direcciones principales son: Norte, Sur, Este y Oeste. Si visitas el **Polo Norte**, estarás en el punto que está más al norte de la Tierra. Si visitas el **Polo Sur**, estarás en el extremo sur de la Tierra. El clima es frío todo el año en los lugares cercanos al Polo Norte y al Polo Sur.

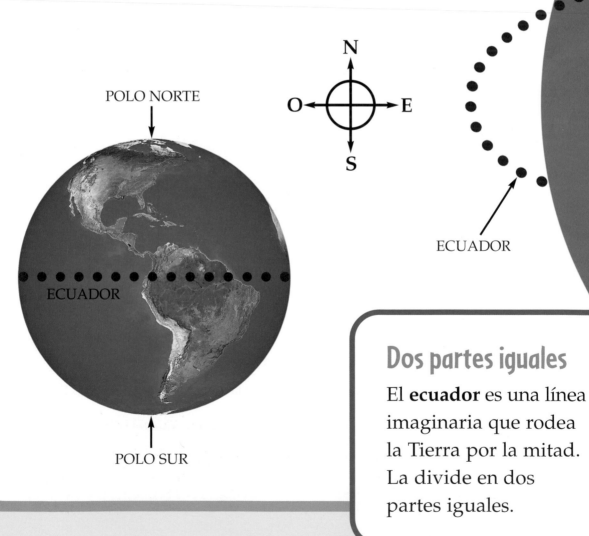

POLO NORTE

N

O — E

S

ECUADOR

ECUADOR

POLO SUR

Dos partes iguales

El **ecuador** es una línea imaginaria que rodea la Tierra por la mitad. La divide en dos partes iguales.

La parte norte

El **hemisferio norte** es la parte de la Tierra que está entre el ecuador y el Polo Norte.

AMÉRICA DEL SUR

La parte sur

América del Sur está en el **hemisferio sur**. El hemisferio sur es la parte de la Tierra que está entre el ecuador y el Polo Sur.

¿Qué es el clima?

Cerca del ecuador, el **clima** siempre es cálido. El clima consiste en la temperatura, las lluvias y el viento. Es el estado del tiempo que una región tiene durante un largo período. El ecuador cruza la parte superior de América del Sur. Las zonas de América del Sur que están cerca del ecuador tienen climas cálidos. Las regiones de América del Sur que están lejos del ecuador tienen climas fríos.

El clima siempre es frío en las zonas que están más al sur de América del Sur. Inmensas y gruesas capas de hielo cubren gran parte de la tierra y del agua. Estas capas de hielo se llaman **glaciares**.

Lluvias

En algunas regiones de América del Sur llueve más que en otras. En algunas zonas, llueve casi todos los días. En otras, casi no llueve. En América del Sur también hay regiones donde llueve solamente una parte del año y son secas el resto del año. El período con lluvia se llama **estación lluviosa**. La **estación seca** es el período sin lluvias.

Este zorro vive en una parte de Chile donde casi no llueve.

En algunas zonas de Brasil caen intensas lluvias casi todos los días.

Montañas e islas

En América del Sur hay muchas **montañas**. Las montañas son zonas altas de tierra con laderas empinadas. Los Andes son unas montañas de América del Sur que están en el lado oeste del continente.

Las zonas de color marrón de este mapa muestran dónde están algunas montañas de América del Sur.

CORDILLERA DE LOS ANDES

montañas

*Los Andes son la **cordillera** más larga del mundo. Una cordillera es un grupo de montañas en línea.*

Islas interesantes

En América del Sur hay **islas** o zonas de tierra rodeadas de agua. Las Galápagos son un grupo de islas de América del Sur que pertenecen a Ecuador. Las Galápagos están rodeadas por el océano Pacífico. En ellas y en las aguas oceánicas que las rodean viven animales como aves, leones marinos e iguanas.

Muchas personas viajan a las islas Galápagos para estudiar a los animales que viven allí.

Zonas de agua

América del Sur está entre dos océanos.
El océano Atlántico baña la **costa** este
y el océano Pacífico baña la costa
oeste. Una costa es tierra que está junto
a un océano o **mar**. Un mar es una zona
que es parte de un océano y que tiene
tierra alrededor. El mar Caribe baña
la costa norte.

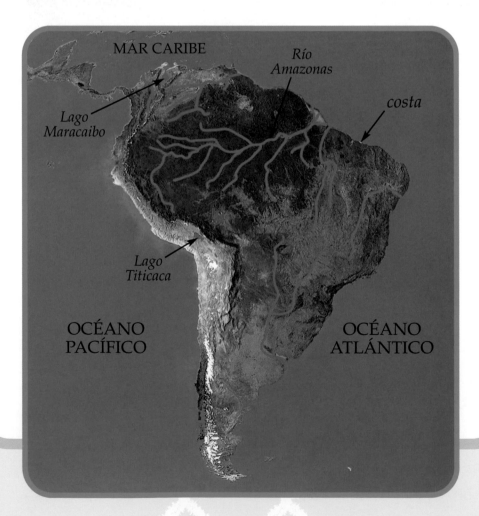

MAR CARIBE

Río
Amazonas

Lago
Maracaibo

costa

Lago
Titicaca

OCÉANO
PACÍFICO

OCÉANO
ATLÁNTICO

En **ríos** y arroyos de América del Sur viven unos peces pequeños llamados pirañas. Estos peces viven en grupos llamados **cardúmenes**.

El río Amazonas

En América del Sur está el segundo río más largo de la Tierra, llamado río Amazonas. Este río fluye por Perú y Brasil. Tiene más de 1,000 **afluentes**. Un afluente es un arroyo o un río pequeño que llega a un río más grande.

Selvas tropicales

En América del Sur hay **selvas tropicales**. Las selvas tropicales son bosques con muchos árboles altos. Crecen solamente en zonas cálidas y lluviosas. En las selvas tropicales caen por lo menos 100 pulgadas (254 cm) de lluvia por año.

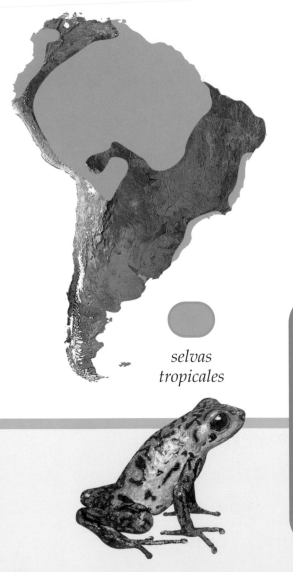

selvas tropicales

La selva tropical del Amazonas

La selva tropical del Amazonas es la más grande de América del Sur y del mundo.

Esta mariposa azul (Morpho menelaus) vive en una selva tropical de América del Sur.

Este animal es un mono ardilla y vive en las selvas tropicales de América del Sur.

Vivir en los árboles

En las selvas tropicales viven muchas clases de animales. Los perezosos de tres dedos viven en los árboles, así como muchas especies de murciélagos, aves y monos. Allí encuentran alimento.

*Los perezosos de tres dedos comen ramitas, **yemas** y hojas que crecen en los árboles de las selvas tropicales.*

Desiertos secos

En América del Sur hay **desiertos**. Los desiertos son zonas muy calurosas y secas. En ellos cae muy poca lluvia por año. El desierto de Atacama es un gran desierto de América del Sur. Mide más de 600 millas (966 km) de largo.

DESIERTO
DE
ATACAMA

desiertos

Los animales del desierto

En el desierto de Atacama viven muy pocos animales porque es muy seco. Los animales necesitan agua para sobrevivir. En ciertas partes del desierto viven algunas aves, lagartos e insectos. En el desierto de Atacama también viven zorros.

El desierto de Atacama es uno de los desiertos más secos de la Tierra. En algunas partes de este desierto no ha llovido en más de 400 años.

La vida en el desierto

En el desierto de Atacama viven más de un millón de personas. Mucha gente vive en pueblos y **aldeas**. Algunas personas son **mineros**. Los mineros cavan agujeros inmensos en el suelo y sacan **minerales**. El carbón y el cobre son dos tipos de minerales que se encuentran en el suelo.

Esta mujer vive en una aldea del desierto de Atacama.

Ciudades y pueblos

En América del Sur viven más de 300 millones de personas. La mayoría vive en ciudades y pueblos. Las ciudades suramericanas son lugares concurridos y de mucho movimiento. También tienen muchos edificios. Estas coloridas casas se encuentran en la ciudad de Buenos Aires, en el país llamado Argentina.

Ciudades con millones de personas

Muchas ciudades de América del Sur se encuentran cerca del océano Atlántico o del Pacífico. Estas ciudades tienen playas. Río de Janeiro tiene hermosas playas arenosas y es la segunda ciudad más grande de Brasil. En ella viven más de seis millones de personas. Gente de todo el mundo visita Río de Janeiro para ver sus playas y montañas y disfrutar del clima cálido.

La vida en las aldeas

En América del Sur, muchas personas viven en **zonas rurales**, fuera de las activas ciudades y pueblos. Viven en aldeas. No todas las aldeas están sobre tierra. La aldea de esta fotografía está sobre un **lago** llamado lago Titicaca. Está construida sobre una isla flotante. Las personas que viven allí se llaman uros. Los uros hicieron la isla a mano, con **juncos** secos atados. También usaron juncos secos para hacer sus casas, embarcaciones y muebles.

embarcación de juncos

Cultivo de alimentos

Muchas personas que viven en zonas rurales cultivan frutas y verduras para alimentar a sus familias. Las cultivan en huertas o granjas. Algunas personas venden los alimentos adicionales en mercados al aire libre, como el que se ve arriba. También crían animales, como vacas, para que sus familias coman carne.

Recursos de la naturaleza

Los **recursos naturales** son elementos que se encuentran en la naturaleza y que se pueden vender para ganar dinero. América del Sur tiene muchos recursos naturales como petróleo, carbón y árboles. Otros recursos naturales de América del Sur son la carne de res, los plátanos, el maíz y la caña de azúcar.

caña de azúcar

petróleo

ganado

café

Datos importantes

En América del Sur se cultivan cacao, café y muchos tipos de frutos secos. Estos recursos se venden en todo el mundo.

Metales y gemas

Otros recursos naturales de América del Sur son el oro y la plata. El oro y la plata son tipos de **metales**. También hay diamantes y esmeraldas en América del Sur. Los diamantes y las esmeraldas son **gemas**. Estos recursos naturales se venden por mucho dinero.

Este niño y su padre buscan oro.

La cultura sudamericana

La **cultura** es el conjunto de creencias, costumbres y formas de vida que comparte un grupo de personas. Las personas crean arte, música y danzas para **expresar** o mostrar sus culturas. Los deportes y los juegos también son parte de la cultura de las personas. En estas páginas se muestran algunas de las maneras en que los suramericanos expresan su cultura.

Estos indios aimaras viven en Bolivia. Estas mujeres bailan una danza tradicional.

Jugar al fútbol

El fútbol es el deporte más popular en América del Sur. Lo juegan los niños y adultos de todos los países suramericanos.

El fútbol es especialmente popular en Argentina, Brasil y Uruguay.

Esta muchacha luce un traje de carnaval.

Carnaval

El **carnaval** es una alegre celebración que se realiza todos los años en febrero. En época de carnaval hay bulliciosos desfiles callejeros, trajes coloridos, música, comida, cantos y bailes. En América del Sur, la celebración del carnaval dura varios días.

Postales de América del Sur

En América del Sur hay muchos lugares hermosos e interesantes. Personas de todo el mundo los visitan por diversión. Las personas que visitan lugares por diversión se llaman **turistas**. Estas páginas muestran algunos de los paisajes más espectaculares de América del Sur. Los mapas muestran dónde están esos lugares.

En las islas Galápagos hay miles de animales. Uno de estos animales es la tortuga de las Galápagos, que llega a vivir más de 100 años.

Las personas van a América del Sur a explorar la selva tropical del Amazonas. Realizan **excursiones ecológicas** para aprender acerca de la selva tropical y del río Amazonas.

En las montañas de Perú, hay una **antigua** ciudad llamada Machu Picchu. Fue construida en el siglo XV por un pueblo llamado inca.

Glosario

Nota: Es posible que las palabras en negrita que están definidas en el texto no figuren en el glosario.

aldea (la) Casas y otros edificios que están en una zona rural

antiguo Palabra que describe algo muy viejo

arroyo (el) Río pequeño y angosto

cascada (la) Corriente de agua que cae desde un lugar alto

excursión ecológica (la) Viaje para visitar y observar áreas naturales y las plantas y los animales que viven allí

gema (la) Piedra especial que puede pulirse y tallarse

junco (el) Hierba alta que crece en el agua

lago (el) Gran zona de agua que está rodeada por tierra

metal (el) Material duro y brillante como el oro, la plata o el cobre

mineral (el) Sustancia, como el carbón, que se encuentra en la naturaleza, a menudo bajo la tierra

río (el) Gran zona de agua que fluye hacia otro curso de agua

roedor (el) Animal con un par de largos dientes frontales que nunca dejan de crecer y que usan para roer

yema (la) Parte de una planta que crece y se convierte en hoja o en flor

zona rural (la) Lugar que está fuera de una ciudad o de un pueblo

Índice

Impreso en Canadá